BIBLIOGRAPHIE

TAMIZEYENNE

(1862-1887)

PAR

JULES ANDRIEU

Officier d'Académie

Membre de la Société des Sciences, Lettres et Arts d'Agen, de l'Académie de Bordeaux

et de la Société des Gens de Lettres

AGEN

IMPRIMERIE VIRGILE GENTHIEU

1887

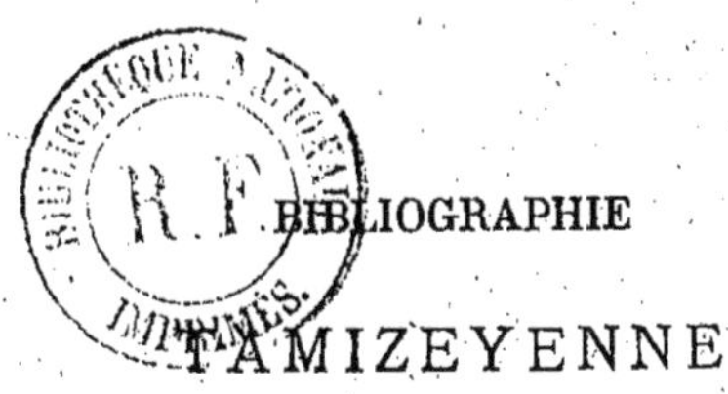

BIBLIOGRAPHIE TAMIZEYENNE

BIBLIOGRAPHIE

TAMIZEYENNE

(1862 – 1887)

PAR

JULES ANDRIEU

Officier d'Académie

Membre de la Société des Sciences, Lettres et Arts d'Agen, de l'Académie de Bordeaux

et de la Société des Gens de Lettres

AGEN

IMPRIMERIE VIRGILE LENTHÉRIC

1887

PRÉFACE

———

L'infatigable et savant érudit dont je produis aujourd'hui la notice bibliographique est un de ces travailleurs d'élite, de ces annotateurs féconds, de ces pionniers habiles auxquels sont dues l'admiration et la reconnaissance de tous.

Son œuvre, déjà colossale et aux éléments si variés, est un honneur pour la patrie agenaise.

Certes, l'heure d'établir à cet égard un catalogue définitif est lointaine encore ; mais il m'a paru opportun de dresser dès maintenant, avec tout le soin possible, un premier inventaire capable à la fois de servir l'intérêt du chercheur et de faciliter la tâche des bibliographes futurs.

J. A.

BIBLIOGRAPHIE TAMIZEYENNE

EXTRAIT

DE LA

BIBLIOGRAPHIE GÉNÉRALE DE L'AGENAIS

(T. II, pp. 315-330)

TAMIZEY DE LARROQUE (Jacques-Philippe), érudit, né à Gontaud le 30 décembre 1828.

Membre correspondant de l'Institut de France (Acad. des Inscriptions et Belles-Lettres) depuis 1875, membre du Comité des travaux historiques, de la Soc. des Sc., Lett. et Arts d'Agen et d'une foule de Soc. savantes, maire de Gontaud de 1860 à 1870, chevalier de la Légion d'honneur, etc.

Il est fils d'Alexandre Tamizey de Larroque, qui fut longtemps maire de Gontaud, et de Pauline-Elisabeth Delmas de Grammont, sœur du général de division de ce nom, mort grand-officier de la Légion d'honneur.

M. Philippe Tamizey de Larroque est un des plus savants érudits de notre époque. Chercheur infatigable, pour qui les Archives et collections publiques n'ont plus de secrets, il a .. humé de l'oubli ou sauvé de la destruction d'innombrables documents précieux. — Son œuvre d'historien, de critique et de bibliographe est de celles que la foule ignore, mais dont les lettrés peuvent apprécier la haute valeur. La reconnaissance de ces derniers est sûrement acquise à tant de travaux remarquables, et l'Agenais, cette petite patrie qu'il honore et qui est si chère à son cœur, lui doit la révélation de bien des faits inconnus de son histoire.

Pour mon compte, je ne saurais me dispenser de reconnaître ici la dette que j'ai contractée envers lui, en recourant fréquemment aux inépuisables ressources d'une érudition dont j'admire toujours l'ampleur et la sûreté. — Son nom est bien celui que j'ai eu le plus d'occasions de rappeler, car il se rencontre dans toutes les questions intéressant notre chère province.

C'est en vain, d'ailleurs, qu'on voudrait être vraiment complet dans la bibliographie de ce bénédictin du XIX° siècle : lui-même, j'en suis sûr, serait fort embarrassé de détailler la formidable quantité de notes et d'articles de toute sorte dispersés, depuis plus de vingt-cinq ans, aux quatre vents de la publicité. La nomenclature sommaire qu'il a ébauchée en 1880 dans la *Revue des Bibliophiles* en est une preuve.

Voici donc, aussi précis et aussi détaillés que

possible, les éléments d'une *Bibliographie Tamizeyenne* à ce jour :

— Preuves que Thomas A. Kempis n'a pas composé l'Imitation de N. S. J.-C. — *Paris, A. Durand*, 1862, in-8° de 82 pp.

Extr. des *Annales de Philosophie Chrétienne*, t. III et IV.

Tirage à 200 exempl.

— Mémoire sur le Sac de Béziers dans la guerre des Albigeois, et sur le mot : *Tuez-les tous !* attribué au légat du Pape Innocent III. — *Paris, ibid.*, 1862, in-8° de 32 pp.

Extr. du même recueil, t. VI. — Même tirage.

Mémoire reproduit avec des additions dans la 1re livr. de 1866 de la *Revue des Questions historiques*.

— Notice sur le général Jacques-Philippe Delmas de Grammont. — *Paris, impr. Soye et Bouchet*, 1862, in-8° de 8 pp.

Plaquette tirée seulement à 100 exempl. et non mise dans le commerce.

— Quelques Pages inédites de Blaise de Monluc. — *Paris, Durand (Agen, impr. P. Noubel)*, 1863, in-8° de 22 pp.

Extr. du *Recueil des Travaux de la Soc. des Sc., Lett. et Arts d'Agen*, 2e série, t. I. — Tirage à 100 exempl.

Mémoire relatif au siège de la Rochelle et lettre à Charles IX sur la conspiration de La Mole et Coconas.

— Notes pour servir à la biographie de Mascaron, évêque d'Agen, écrites par lui-même et publiées pour la première fois. — *Paris, ibid. (Agen, imp. P. Noubel)*, 1863, in-8° de 15 pp.

Extr. du même recueil, même tome. — Tirage à 50 exempl.

— Douze Lettres inédites de Jean-Louis Guez de Balzac, publiées d'après les mss. autographes de la Bibliothèq. Impér. — *Paris, Durand (Bordeaux)*, 1863, in-8° de 20 pp.

Extr. des *Actes de l'Acad. de Bordeaux.* — Tirage à 100 exempl.

— Quelques Notes sur Jean Guiton, le maire de La Rochelle. — *Paris, ibid. (Agen, impr. P. Noubel)*, 1863, gr. in-8° de 32 pp.

Extr. de la *Revue d'Aquitaine* (août 1863). — Tirage à 50 exempl.

— Salluste Du Bartas. Documents inédits, par MM. Bladé et Tamizey de Larroque. — *Agen, impr. P. Noubel*, 1864, in-8° de 22 pp.

Extr. de la *Revue d'Aquitaine* (novembre 1863-février 1864). — Tirage à 100 exempl.

J'ai déjà mentionné cette brochure à l'art. *Bladé* (V. ce nom), où une *coquille* a transformé en 1861 la date de 1864.

La part de M. Tamizey de Larroque dans ce petit travail consiste en une *Lettre inédite de Salluste du Bartas à Henri IV*. Cette lettre, savamment annotée, parut en novembre 1863.

— Observations sur l'histoire d'Eléonore de Guyenne. — *Paris, Durand (Agen, impr. P. Noubel)*, 1864, gr. in-8° de 38 pp., pap. vélin.

Extr. du même recueil, 1864. — Tirage à 200 exempl.

— Louis de Foix et la Tour de Cordouan. — *Bordeaux, Chaumas (Auch)*, 1864, gr. in-8° de 30 pp.

Extr. de la *Revue de Gascogne*, 1864. — Tirage à 200 exempl.

— Lettres inédites de Bertrand d'Echaud, évêque de Bayonne, au secrétaire d'Etat Villeroy. — *Auch, impr. F. Foix*, 1864, gr. in-8° de 23 pp.

Extr. du même recueil. — 100 exempl.

— Une Lettre inédite de Mme de Montbrun. — *Paris, impr. Lahure*, 1865, gr. in-8° de 9 pp.

Extr. de l'*Annuaire-Bulletin de la Soc. de l'Hist. de France*, tiré à 50 exempl. et non mis dans le commerce.

— Lettres inédites de François de Noailles, Evêque de Dax. — *Paris, Aug. Aubry (Auch, impr. F. Foix)*, 1865, gr. in-8° de 69 pp.

Extr. de la *Revue de Gascogne*, 1865. — Tirage à 200 exempl.

— De la Question de l'emplacement d'Uxellodunum. — *Paris, Dumoulin (Agen, impr. P. Noubel)*, 1865, gr. in-8° de 47 pp.

Extr. de la *Revue d'Aquitaine*, 1865, tiré à 200 exempl.

— Trois lettres inédites de l'abbé de Fouilhac à Baluze. — *Auch, impr. F. Foix*, 1865, gr. in-8° de 11 pp.

Extr. de la *Revue de Gascogne*. Tirage à 50 exempl.

— Une lettre inédite de Claude Sarrau. — *Bordeaux, impr. A. Lavertujon*, 1886, gr. in-8° de 15 pp.

Extr. de la *Revue d'Aquitaine*, 1886, tiré à 50 exempl.

— Vies des Poëtes Gascons, par Guillaume Colletet, de l'Académie Française. — *Paris, Aubry (Auch, impr. Foix)*, 1866, gr. in-8° de 149 pp.

Extr. de la *Revue de Gascogne*, tiré à 200 exempl. et devenu très rare.

Les *Vies des Poëtes françois* de Guillaume Colletet, très curieux ms. détruit dans l'incendie de la Bibliothèq. du Louvre, en 1871, n'est donc pas complètement perdu pour nous, puisque M. Tamizey de Larroque a eu l'heureuse idée d'en extraire une bonne partie de ce qui concerne notre région. Outre les *Poëtes Gascons*, il a aussi publié les Vies de deux *Poëtes Agenais*, de *Guy du Faur de Pibrac*, des *Poëtes Bordelais et Périgourdins*, etc., que je citerai plus loin. — V. sur le recueil biographique de Colletet le petit article consacré à cet auteur, et aussi la notice CAUSSADE (DE).

— De la Fondation de la Soc. des Bibliophiles de Guyenne. — *Auch, impr. F. Foix*, 1866, gr. in-8° de 47 pp.

Extr. de la même revue, tiré à 100 exempl.

— La Reprise de la Floride par Dominique de Gourgue, publiée avec les Variantes, sur les mss. de la Bibliothèq. Impér., et précédée d'une Préface. — *Bordeaux, impr. Gounouilhou*, 1867, in-8° de 80 pp.

Publication de la Soc. des Bibliophiles de Guyenne, tirée à petit nombre et non mise dans le commerce.

Un charmant art. sur cet ouvrage fut publié dans l'*Union*, en 1867, par M. Léon de Cazenove de Pradines.

— Essai sur la Vie et les Ouvrages de Florimond de Raymond, conseiller au Parlement de Bordeaux. — *Paris, A. Aubry (Bordeaux, impr. Gounouilhou)*, 1867, in-8° de 135 pp.

Tirage à 150 exempl. — Cette étude sur Florimond de Raymond, honorée d'une médaille d'or par l'Académie de Bordeaux, est, à tous égards, très remarquable. Elle a dû imposer à l'auteur des recherches extrêmement laborieuses. — J'en ai parlé à l'art. consacré au célèbre magistrat agenais. — V. RAYMOND (FL. DE).

— Inventaire des meubles du Château de Nérac en 1598, publié d'après un ms. inédit de la Bibliothèq. Impér. — *Paris, ibid. (Agen, impr. P. Noubel)*, 1867, in-8° de 31 pp.

Extr., tiré à 100 exempl., du *Recueil des Travaux de la Soc. des Sc., Lett. et Arts d'Agen*, 2e série, t. II.

— L'Amiral Bertrand d'Ornesan, baron de Saint-Blancard. — *Auch, impr. F. Foix*, 1867, in-8° de 16 pp.

Extr. de la *Revue de Gascogne*, mai 1867. — Tirage à 50 exempl., non mis dans le commerce.

— Vie des Poëtes Agenais, par Guillaume Colletet: Antoine de La Pujade et Guillaume Du Sable, publiées d'après les mss. du Louvre. — *Agen, impr. P. Noubel*, 1868, in-8° de 48 pp.

Extr. du *Recueil des Travaux de la Soc. des Sc., Lett. et Arts d'Agen*.

Brochure très intéressante, tirée à 50 exempl. seulement et devenue très rare.

V. ci-dessus les *Vies des Poëtes Gascons*. — V. aussi les art. LA PUJADE et DU SABLE.

— Notes et Documents inédits pour servir à la biographie de Jean de Monluc, évêque de Valence. —

Paris, A. Aubry (Auch, impr. F. Foix), 1868, gr. in-8° de 84 pp.

Extr. de la *Revue de Gascogne*, tiré à 100 exempl.

— Histoire de la Commune de Hautesvignes. — *Agen, impr. P. Noubel*, 1869, in-8° de 12 pp.

Monographie publiée sous les auspices du Conseil général de Lot-et-Garonne.

— Notice sur le Prieuré de Sainte-Livrade, d'après un ms. inédit de la Bibliothèq. Impér. — *Agen, ibid.*, 1869, gr. in-8° de 36 pp.

Monographie très curieuse, publiée dans les mêmes conditions que la précédente.

— Mémoires des choses passées en Guyenne (1621-1622), rédigés par Bertrand de Vignolles, et publiés avec une Introduction et des Notes. — *Paris, Petit-Champeau (Bordeaux, impr. G. Gounouilhou)*, 1869, in-8° de 84 pp.

Collection Méridionale, t. i.

Tirage à 100 exempl.

Publication curieuse et très rare, intéressante à consulter pour l'histoire de l'Agenais. Les notes de l'éditeur donnent à ces *Mémoires* une réelle importance.

— Vie de Guy du Faur de Pibrac, par Guillaume Colletet, de l'Acad. Franç., publiée avec Notes et Appendice. — *Paris, A. Aubry (Auch, imp. F. Foix)*, 1871, gr. in-8° de 75 pp.

Extr. de la *Revue de Gascogne*, tiré à 100 exempl.

V. la note ci-dessus, relative aux *Vies des Poètes Gascons* du même Colletet.

— Un Grand Homme oublié : le Président de Ranconnet. — *Paris, Victor Palmé*, 1871, gr. in-8° de 20 pp.

Tirage à 50 exempl.

— Relation inédite de l'Arrestation des Princes (18 janvier 1650), écrite par le comte de Comminges, et publiée avec Notes et Appendices. — *Paris, ibid.*, 1871, gr. in-8° de 24 pp.

Tirage à 50 exempl.

— Première partie des Sonnets exotériques de Gérard-Marie Imbert, publ. avec une Préface et des Notes. — *Bordeaux, impr. Gounouilhou ; Paris, Claudin*, 1872, in-8° de 105 pp.

Coll. Méridionale, t. ii, tirage à 100 exempl.

— Des récents Travaux sur Massillon. — *Paris, V. Palmé*, 1872, gr. in-8° de 24 pp.

Extr., tiré à 50 exempl., de la *Rev. des Questions Historiques*.

— Relation inédite de la Défense de Dunkerque (1651-1652), par le Maréchal d'Estrades ; suivie de quelques-unes de ses Lettres, également inédites (1653-1655), publ. avec une Introd. et des Notes. — *Bordeaux, impr. Gounouilhou*, 1872, in-8° de 98 pp.

Collection Méridionale, t. iii. Tirage à 100 exempl.

Publication très curieuse, offrant pour l'Agenais un vif intérêt. — V. l'art. Estrades (Godefroy d').

— Lettres inédites du Cardinal d'Ossat, publiées avec une Notice et des Notes. — *Auch, impr. Foix ; Paris, Aubry*, 1872, in-8° de 48 pp.

Extr. de la *Revue de Gascogne*, t. x. Tirage à 100 exempl.

— Notice sur la ville de Marmande. — *Villeneuve-sur-Lot, impr. X. Duteis*, 1872, gr. in-8° de 136 pp.

Monographie historique très importante, publiée sous les auspices du Conseil général de Lot-et-Garonne.

— Notes sur Mme d'Hallot, pour servir de Supplément à une des *Historiettes* de Tallemant des Réaux. — *Paris, Dumoulin*, 1872, in-8° de 12 pp.

Extr. du *Cabinet Historique*, tiré à 50 exempl. et depuis longtemps épuisé.

—. Vies des Poètes Bordelais et Périgourdins, par Guillaume Colletet, publ. d'après le ms. autographe du Louvre, avec Notes et Appendice. — *Bordeaux, Lefebvre (impr. Gounouilhou)*, 1873, in-8° de 104 pp.

Coll. Méridionale, t. IV. — Tirage à 150 exempl.

V. plus haut : *Vies des Poètes Gascons*.

— Lettres inédites de Guillaume du Vair, publiées avec Avant-propos, Notes et Appendice. — *Paris, Aubry (Marseille)*, 1873, in-8° de 78 pp.

Extr. de la *Revue de Marseille et de Provence*, tiré à 75 exempl.

On sait que Guillaume du Vair, conseiller au Parlement de Paris, premier président du Parlement de Provence et garde des sceaux, né à Paris en 1556, mourut à Tonneins en 1621.

— Lettres inédites de Janus Frégose, évêque d'Agen. — *Bordeaux, Ch. Lefebvre (Agen, impr. P. Noubel)*, 1873, in-8° de 36 pp.

Extr., tiré à 50 exempl., du *Recueil des Travaux de la Soc. des Sc., Lett. et Arts d'Agen*, 2° série, t. III.

V. FRÉGOSE.

— Document inédit relatif à l'enlèvement d'Anne de Caumont. — *Paris, A. Aubry*, 1873, in-8° de 12 pp.

Extr. du *Cabinet Historique* (avril-mai 1873), tiré à 50 exempl. et non mis dans le commerce.

— Lettres inédites de Dom Jean Martianay, publiées d'après les originaux de la Bibliothèq. Nation. — *Paris, Aubry ; Bordeaux, Lefebvre (Auch, impr. Foix)*, 1873, gr. in-8° de 32 pp.

Extr. de la *Revue de Gascogne*. Tirage à 100 exempl.

— Les Savants Godefroy. Compte rendu de l'ouvrage du marquis de Godefroy Menilglaise. — *Paris, A. Aubry.*, 1873, in-8° de 4 pp.

Art. extr. du *Bulletin du Bouquiniste*, du 1er avril 1873.

— Lettres inédites de Jean-Louis

Guez de Balzac. — *Paris, impr. Nation.*, 1873, in-4° de 458 pp.

Extrait du t. 1er de la nouv. série des *Mélanges Historiques* de la *Coll. des Documents inédits sur l'Histoire de France*. Tiré à 50 exemplaires non mis dans le commerce.

Recueil important et magistralement annoté.

— Note sur Mademoiselle de Maurès, plus connue sous les noms de Manon L'Artigue, ou de Nanon de Lartigue. — *Paris, Aubry*, 1874, in-8° de 14 pp.

Extr. du *Cabinet Historique* (Janvier-Mars 1874), tiré à 60 exempl.

Plaquette très curieuse et fort rare. — V. MAURÈS (ANNE DE).

— Lettres inédites du Cardinal d'Armagnac, publiées avec une Introd. et des Notes. — *Bordeaux, Lefebvre (Auch, impr. Foix)*, 1874, gr. in-8° de 134 pp.

Collection Méridionale, t. V. — Tirage à 100 exempl.

En 1876-77, M. Tamizey de Larroque publia dans la *Revue Historique*, mais sans tirage à part, une soixantaine d'autres lettres du même cardinal. — Voir *in fine* de la présente notice.

— Lettres inédites de Jacques de Coras, publiées avec une Notice et des Notes. — *Paris, Aubry ; Bordeaux, Lefebvre (Auch, impr. Foix)*, 1874, gr. in-8° de 19 pp.

Extr. de la *Rev. de Gascogne.* — 50 exempl.

Ce Jacques de Coras, né à Toulouse, auteur de *Jonas, ou Ninive repentante*, poème sacré (1663, in-12), et dont les œuvres poétiques ont été publiées à Paris en 1665 (in-12), fut longtemps pasteur à Tonneins. Il aimait beaucoup cette ville et en a parlé en excellents termes.

— Documents inédits pour servir à l'Histoire de l'Agenais. — *Agen, impr. P. Noubel*, 1875, in-8° de 315 pp.

Extr., tiré à 100 exempl., du *Recueil des Travaux de la Soc. des Sc., Lett. et Arts d'Agen*, 2° série, t. IV.

Ceci est un des recueils les plus précieux sur le passé de notre région. Les savantes notes qui y sont répandues à profusion en décuplent l'intérêt. — Une deuxième série est en préparation.

— OEuvres de Jean Rus, poète bordelais de la première moitié du XVIᵉ siècle, publiées d'après l'unique exempl. qui paraisse subsister. — *Bordeaux, Lefebvre ; Paris, Claudin*, 1875, in-8° de 72 pp.

Collection Méridionale, t. VI. — Tirage à 100 exempl.

— Une douzaine de Documents inédits relatifs à l'histoire de Bayonne. — *Auch, impr. Foix*, 1875, gr. in-8° de 23 pp.

Extr. de la *Revue de Gascogne*, tiré à 50 exempl.

— Lettres Toulousaines (Cazeneuve. — Saint-Blancat et Medon. — Doujat). — *Auch, ibid.*, 1875, gr. in-8° de 27 pp.

Extr. du même recueil, même tirage.

— Lettres inédites d'A. Dadine d'Autesserre, avec Notice, Notes et Appendice. — *Paris, Aubry ; Bordeaux, Lefebvre (Auch, impr. Foix)*, gr. in-8° de 47 pp.

Extr. de la *Revue de Gascogne*, tiré à 100 exempl.

— Louis XIII à Bordeaux. Relation inédite, publiée d'après un ms. de la Bibliothèq. Nation. — *Bordeaux, impr. Gounouilhou*, 1876, in-8° de 47 pp., pap. de Holl.

Publication de la Soc. des Bibliophiles de Guyenne.

— Notes et Documents inédits pour servir à la Biographie de Christophe et de François de Foix-Candalle, évêques d'Aire. — *Paris, Aubry ; Bordeaux, Lefebvre (Auch, impr. Foix)*, 1877, gr. in-8° de 32 pp.

Extr., tiré à 100 exempl., de la *Revue de Gascogne*.

— Documents inédits sur Gassendi. — *Paris, V. Palmé*, 1877, gr. in-8° de 36 pp., pap. vélin.

Extr. de la *Revue des Questions Historiques*. Tirage à 50 exempl.

— Notes sur la vie et les ouvrages de l'abbé Jean-Jacques Boileau, publiées avec divers Documents inédits. — *Agen, impr. P. Noubel*, 1877, in-8° de 152 pp.

Extr. du *Recueil des Travaux de la Soc. des Sc., Lett. et Arts d'Agen*, 2° série, t. V, tiré à 100 exempl.

Un des livres les plus curieux de l'auteur. — V. BOILEAU.

— Lettres inédites de Benjamin Priolo. — *Tours, impr. Paul Bouserez*, 1837, in-8° de 28 pp., pap. de Holl.

Extr. des *Archiv. Historiq. de la Saintonge et de l'Aunis*, tiré à 25 exempl.

— Antoine de Noailles à Bordeaux, d'après des documents inédits annotés. — *Bordeaux, Ch. Lefebvre (impr. G. Gounouilhou)*, 1878, in-8° de 94 pp.

Ext. des *Actes de l'Acad. des Sc., Bel.-Lett. et Arts de Bordeaux*. — Tirage à 100 exempl.

— Vie de Jean-Pierre de Mesmes, par Guillaume Colletet. — *Paris, Alph. Picard*, 1878, in-8° de 28 pp.

Extr. du *Cabinet Historique* (t. XXIV). — Tirage à 125 exempl., dont 25 sur pap. de Holl.

V. ci-dessus la note de l'art. *Vie des Poètes Gascons*.

— Un Cantique inédit de Charles Sevin, d'Orléans, chanoine d'Agen, publié par M. Ph. Tamizey de Larroque. Précédé d'une Notice sur l'Auteur, par M. L. Jarry. — *Auch, impr. Foix*, 1878, gr. in-8° de 15 pp.

Extr. de la *Revue de Gascogne*, février 1878. Tirage à 50 exempl.

2° éd. : Orléans, H. Herluison, 1878, in-8° de 23 pp., pap. de Holl.

Pièce très curieuse. — V. SEVIN.

— De l'Emprisonnement de l'abbé Faydit. Notes et Documents inédits. — *Paris, V. Palmé*, 1878, gr. in-8° de 12 pp.

Extr. de la *Revue des Questions Historiq.*, tiré à 50 exempl.

— Vie d'Eustorg de Beaulieu, par Guillaume Colletet, publiée d'après le ms. autographe de la Bibliothèq. du Louvre, avec Notes et Appendice. — *Paris, H. Champion ; Bordeaux, Ch. Lefebvre*, 1878, pet. in-12 de 49 pp.

Premier fascicule des *Plaquettes Gontaudaises*, coll. charmante qui compte six articles (V. à la suite).

— Quelques Lettres inédites d'Isaac de La Peyrère à Boulliau, publiées avec une Notice, des Notes et un Appendice. — *Paris et Bordeaux, ibid.*, 1878, pet. in-12 de 50 pp.

Deuxième fascicule, tiré à 100 exempl., des *Plaquettes Gontaudaises*. — Le troisième numéro de la série est dû à M. H. Delmas de Grammont (V. ce nom).

— De la Correspondance inédite de Dom Bernard de Monfaucon. — *Paris, Alph. Picard (Auch, impr. Foix)*, 1879, gr. in-8° de 32 pp.

Extr. de la *Revue de Gascogne*, tiré à 50 exempl.

— Document relatif à Urbain Grandier. — *Paris, Alph. Picard*, 1879, pet. in-8° de 16 pp., pap. de Holl.

Extr. du *Cabinet Historique*, t. XXV. — Tirage à 100 exempl.

— Trois Lettres inédites de Bertrand d'Echaux, évêque de Bayonne. Notes et Appendice. — *Auch, impr. Foix*, 1879, gr. in-8° de 32 pp.

Extr. de la *Revue de Gascogne*, tiré à 50 exempl.

— Les Correspondants de Peiresc. — N° 1 : Dubernard. — Une Lettre inédite écrite d'Agen à Peiresc en 1628, annotée. — *Agen, impr. P. Noubel*, 1879, in-8° de 17 pp.

Extr. de la *Revue de l'Agenais.*, t. VI, tiré à 60 exempl. — Très rare.

M. Tamizey de Larroque a donné un grand nombre de lettres écrites à Peiresc, lettres brillamment annotées et presque toujours suivies de précieux appendices. La série de ces publications compte, jusqu'à ce jour, 14 fascicules que je cataloguerai soigneusement dans leur ordre chronologique ; mais il me paraît utile néanmoins de donner ici dès maintenant, en une sorte de sommaire, la liste des correspondants du célèbre bibliophile du XVIIe siècle dont les lettres sont déjà publiées :

2. — César Nostradamus (1880).
3. — Jean-Jacques Bouchard (1881).
4. — Joseph Gaultier (1881).
5. — Claude de Saumaise (1882).
6. — Balthazar de Vias (1883).
7. — Gabriel de l'Aubespine (1883).
8. — Le Cardinal Bichi (1885).
9. — Salomon Azubi (1885).
10. — Guillaume d'Abbatia (1885).
11. — Jean Tristan, sr de St-Amant (1886).
12. — Pierre-Antoine de Rascas (1887).
13. — Gabriel Naudé (1887).
14. — Samuel Petit (1887).

Les autres correspondants de Peiresc que M. Tamizey de Larroque se propose de produire (en dehors de la *Coll. de Documents inédits* du Ministère de l'Instruction publique) sont les suivants, rangés par ordre alphabétique :

1. Aicard et Arcos. — 2. Borrilly (Boniface). — 3. Le docteur Cassagne et autres médecins provençaux. — 4. Guillaume de Catel et son groupe toulousain. — 5. Elie Diodati. — 6. André du Chesne. — 7. François Galaup de Chastenil. — 8. Les Frères Godefroy. — 9. François Luillier. — 10. Jacques-Philippe de Maussac. — 11. Le P. Marin Mersenne. — 12. Le conseiller Pierre d'Olivier. — 13. Les frères Ranchin et autres Languedociens. — 14. Abraham Remi. — 15. Nicolas Rigault. — 16. Jacques-Marie Suarès, évêque de Vaison. — 17. Palamède Fabri, sieur de Valavez. — 18. Henri et Jacques de Valois.

Les lettres de Peiresc lui-même font l'objet d'une autre entreprise plus vaste encore de l'éminent érudit dont je vais indiquer le programme :

Celles qui furent écrites aux frères Dupuy et les lettres de ces derniers à Peiresc formeront 3 vol. in-4° de près de 1.000 pages chacun, dont le premier paraîtra vers le commencement de l'année 1888 (Paris. Impr. Nation.).

Après l'impression de ces 3 vol., M. Tamizey de Larroque a, je crois, l'intention de proposer successivement au Comité des Travaux historiques la publication de sept autres vol. qui contiendraient les pages les plus remarquables de l'immense correspondance de Peiresc, pages déjà presque entièrement recueillies par le futur éditeur.

Les t. IV et V renfermeraient les lettres à Borrilly, J.-J. Bouchard, Gassendi, L. Holstenius et Claude Menestrier, publiées d'après les autographes des Bibliothèq. de Paris, Montpellier et Rome, avec appendice consacré aux lettres de Gassendi et de Menestrier à Peiresc.

Dans les t. VI et VII seraient reproduites, d'après les Minutes de l'Inguimbertine de Carpentras et les copies de la Méjanes d'Aix, les lettres de Peiresc à Aicard, d'Arcos, Barclay, de Loménie, Malherbe, Samuel Petit, Fr.-Aug. de Thou et Valavez.

Les tomes VIII et IX contiendraient les lettres écrites à un grand nombre de personnages, parmi lesquels figurent Arnauld d'Andilly, Besly, Bourdelot, Guillaume de Catel, André du Chesne, Gabriel Naudé, Jules Pacius, le cardinal Alphonse de Richelieu, archevêque d'Aix, puis de Lyon, Claude de Saumaise, Scaliger, Jean Selden, Henri de Valois, etc., etc.

Enfin le t. X contiendrait : 1° une étude analytique de la correspondance de Peiresc ; 2° un tableau chronologique de toutes les lettres de Peiresc, imprimées ou inédites, connues de l'éditeur ; 3° une Table alphabétique générale des noms d'hommes et de lieux cités dans le recueil.

En faisant des vœux pour que ce gigantesque programme soit complètement réalisé, je reprends la nomenclature un moment interrompue :

— Mazarinades inconnues, publiées avec Avertissement, Notes et Appendice. — *Paris, H. Champion ; Bordeaux, Ch. Lefebvre,* 1879, pet. in-12 de 141 pp.

N° 4 des *Plaquettes Gontaudaises,* tiré à 100 exempl.

— Sonnets inédits d'Olivier de Magny, publiés avec Avertissement et Notes. — *Paris, A. Lemerre (Lyon, impr. Perrin),* 1880, in-16 de 28 pp.

N° 5 des *Plaquettes Gontaudaises ;* même tirage.

— *Mémoires de Jean d'Antras de Samazan, seigneur de Cornac,* etc. (Sauveterre de Guyenne, 1880, gr. in-8°).

Très curieuse publication due à M. Jules de Carsalade du Pont, en société avec M. Tamizey de Larroque. Je l'ai déjà mentionnée à l'art. CARSALADE (J. de). — V. ce nom.

— Lettres de Jean Chapelain, de l'Académie Française : T. I (septembre 1632-Décembre 1640). — T. II (2 janvier 1659 - 20 décembre 1672 [pour 22 octobre 1673]). — *Paris, Impr. Nation.,* 1880-83, 2 vol. in-4° de XXIV-746 et 967 pp.

De la *Coll. de Documents inédits sur l'Histoire de France.*

Vaste recueil plein d'intérêt et dont les savantes notes de l'éditeur accroissent encore l'importance. — Publication couronnée par l'Académie Française en 1883.

— Récit de l'Assassinat du sieur de Boisse Pardaillan et de la prise de Monheurt, publié avec Avertissement, Notes et Appendice. — *Paris, H. Champion ; Bordeaux, Lefebvre,* 1880, in-16 de 71 pp.

N° 6 des *Plaquettes Gontaudaises,* tiré à 100 exempl.

— Les Correspondants de Peiresc. N° II : César Nostradamus. — Lettres inédites, écrites de Salon en 1628-29. — *Marseille, impr. Marius Olive,* 1880, in-8° de 66 pp.

Extr. de la *Revue de Marseille,* tiré à 100 exempl.

— Vie inédite de la Duchesse de Luynes, par l'abbé Jean-Jacques Boileau. — *Bordeaux, impr. Lamarque ; libr. Duthu ; Paris, Vic,* 1880, gr. in-8° de 69 pp.

Extr. de la *Revue Catholique de Bordeaux,* tiré à 200 exempl.

V. BOILEAU.

— Le Père Cortade, Notes et Extraits ; suivis d'une Bibliographie Tamizeyenne. — *Sauveterre de Guyenne, impr. J. Chollet,* 1881, in-8° de 42 pp., pap. de Holl.

Extr. de la *Revue des Bibliophiles*, 1880, tiré à 100 exempl.

J'ai dit quelques mots de cette brochure à l'art. CORTADE (V. ce nom).

La *Bibliographie* dressée par M. Tamizey de Larroque lui-même en 1880 est aujourd'hui fort incomplète à tous égards.

L'activité prodigieuse de l'infatigable érudit rend de tels catalogues bien vite insuffisants.

— Lettres inédites de Pierre de Marca, évêque de Gonzerans, archevêque de Toulouse et de Paris, au chancelier Séguier, publiées avec Avertissement, Notes et Appendice. — *Bordeaux, Ch. Lefebvre ; Paris, H. Champion (Auch, impr. Foix)*, 1881, in-8° de 79 pp.

Extr. de la *Revue de Gascogne*, t. XXI. — Tirage à 100 exempl.

— Lettres Françaises inédites de Joseph Scaliger, publiées et annotées. — *Agen, J. Michel et Médan (impr. P. Noubel); Paris, Alph. Picard*, 1881, in-8° de 428 pp.

Extr. du *Recueil des Travaux de la Soc. des Sc., bell. et Arts d'Agen*, 2° série, t. VI et VII. — Tirage à 100 exempl.

Recueil intéressant, signalé à l'art. SCALIGER (V. ce nom).

— Les Correspondants de Peiresc. N° III : Jean-Jacques Bouchard. — Lettres inédites écrites de Rome à Peiresc (1633-37), publiées avec Notes et Appendice. — *Paris, Alph. Picard*, 1881, in-8° de VIII-80 pp., pap. de Holl.

Extr. du *Cabinet Historique*, tiré à 125 exempl.

— Les Correspondants de Peiresc. N° IV : Joseph Gaultier, prieur de La Valette. — Lettres inédites, écrites d'Aix à Peiresc, de 1609 à 1632, annotées. — *Aix, Marius Illy*, in-8° de 65 pp., pap. de Holl.

Extr. des *Mém. de l'Acad. d'Aix*, tiré à 100 exempl.

— A la Mémoire d'Alexis-Paulin Paris, membre de l'Institut, conservateur-adjoint honoraire au département des mss. de la Bibliothèq. Nation., etc. — *Paris, Techener (Chartres, impr. Durand Frères)*, 1881, 1881, in-8° de 14 pp., pap. de Holl.

Extr. du *Bulletin du Bibliophile* (mars-avril 1881), tiré à très petit nombre.

— Les Vieux Papiers du Château de Cauzac. Documents inédits (1592-1627. — *Agen, impr. V. Lenthéric*, 1882, in-8° de 99 pp., pap. de Holl.

Tirage à 100 exempl., non mis dans le commerce.

Résumé de l'histoire, pendant une trentaine d'années, de Balthazar et de François de Thoiras, alors propriétaires du château de Cauzac. On y trouve, en outre, diverses pièces relatives au château de Montpezat.

Le château de Cauzac, situé près des Tricheries, entre Beauville et St-Robert, appartient aujourd'hui à M. le marquis de Châteaurenard.

— Entrée du Roy Charles IX à Bordeaux, avec un Avertissement et des Notes. — *Bordeaux, P. Chollet*, 1882, gr. in-8° de 4, 12 et 8 pp., pap. de Holl.

Extr. de la *Rev. des Biblioph.*, tiré à 75 exempl.

Les huit dernières pages de cette plaquette reproduisent une ode : *Aquitania*, publiée par Étienne de Cruzeau en avril 1565 (Bordeaux, in-8°).

— Deux Documents relatifs à l'histoire de la Chambre de l'Edit de Nérac. — *Nérac, impr. Ludovic Durey ; Bordeaux, Paul Chollet*, 1882, in-18 de 38 pp.

Curieuse plaquette, extraite du *Journal de Nérac* (1882) et tirée à 60 exempl.

Des deux documents reproduits, le premier a été puisé dans les recueils mss. de Peiresc ; c'est un *Procez-Verbal des Conseillers catholiques de la Chambre de Nérac sur la rupture d'icelle*, etc. L'autre est la réimpression d'une pièce très rare de 1622 : la *Prise du premier président de la Chambre de l'Edit de la ville de Nérac et de deux Ministres qui estoient avec luy*, etc. (V. ce titre).

— Oraison funèbre de Pierre Gassendi, par Nicolas Taxil, prononcée dans l'église cathédrale de Digne, le 14 novembre 1665, publiée avec des Documents inédits. — *Bordeaux, P. Chollet*, 1882, in-8° de 94 pp.

Extr. des *Annales des Basses-Alpes*, tiré à 100 exempl.

— Les Correspondants de Peiresc. N° v : Claude de Saumaise. — Lettres inédites écrites de Dijon, de Lyon, de Paris et de Leyde à Peiresc (1620-1637). Publiées avec Avertissement, Notes et Appendice. — *Dijon, impr. Darantière*, 1882, in-8° de 182 pp.

Ext. des *Mém. de l'Académie de Dijon.* — Tirage à 120 exempl.

— Lettres inédites d'Adrien d'Aspremont, vicomte d'Orthe, gouverneur de Bayonne. — *Bordeaux, P. Chollet ; Paris, H. Champion (Auch, impr. Foix)*, 1882, gr. in-8° de 56 pp.

Extr. de la *Revue de Gascogne*, tiré à 100 exempl.

Samazeuilh a publié sur Adrien d'Aspremont une notice où le prénom de ce gouverneur de Bayonne est orthographié *Adiram.* — V. SAMAZEUILH au SUPPLÉMENT.

— Le Cardinal d'Armagnac et Jacques de Germigny. Documents inédits. — *Paris, V. Palmé (Bruxelles)*, 1883, gr. in-8° de 28 pp.

Extr. de la *Revue des Questions Historiques.* — Tirage à 100 exempl.

— Lettres inédites de quelques Oratoriens. — *Paris, Poussielgue*, 1883, in-8° de 12 pp.

Extr., tiré à 50 exempl., du *Bulletin critique.*

— Les Correspondants de Peiresc. N° vi : Balthazar de Vias. — Lettres inédites écrites de Marseille à Peiresc (1615-1637). — *Bordeaux, P. Chollet ; Marseille, impr. Lebon*, 1883, in-8° de 47 pp.

Extr. de la *Revue de Marseille et de Provence*, tiré à 100 exempl.

— La Marquise de Flamarens. Notes recueillies par M. Ph. T. de L. — *Auch, impr. Foix*, juin 1883, gr. in-8° de 26 pp.

Extr. de la *Revue de Gascogne*, tiré à 100 exempl.

— Deux Lettres inédites de Jean Price à Bourdelot. — *Paris, Léon Techener*, 1883, in-8° de 16 pp.

Extr. du *Bulletin des Bibliophiles.* — Tirage à 50 exempl.

— Étude sur la « Correspondance littéraire, philosophique et critique par Grimm, Diderot, Raynal, Meister, etc. », publiée par M. Maurice Tourneux (Paris, Garnier Frères, 1878-82, 16 vol. in-8°). — *Metz, impr. Fischer*, 1883, gr. in-8° de 14 pp., pap. vélin.

Extr. de la *Revue critique*, imprimé à 30 exempl. à l'insu de l'auteur, par un ami de M. Maurice Tourneux.

— Documents inédits pour servir à l'Histoire de la ville de Dax. — *Paris, impr. Louis Hugonis, s. d.* (1883), in-8° de 64 pp.

Extr. de la *Revue des Basses-Pyrénées et des Landes.* Tirage à 100 exempl. numérotés.

— Gonin Joseph et le Vignoble de St-Joseph. — *Agen, impr. Vᵉ Lamy*, 1883, gr. in-8° de 11 pp.

Extr. de la *Revue de l'Agenais*, tiré à 60 exempl.

V., à propos de cette brochure, une petite étude de M. Reinhold Dezeimeris : *Un grand exemple agricole* (Bordeaux, 1884, in-8°).

— Arnaud de Pontac, évêque de Bazas. Pièces diverses. — *Bordeaux, Paul Chollet (Sauveterre, impr. J. Chollet)*, août 1883, in-8° écu de 112 pp., pap. de Holl.

Très curieux recueil, tiré à 50 exempl.

— Voyage à Jérusalem de Philippe de Voisins, seigneur de Montaut, publié pour la Soc. Historiq. de Gascogne. — *Paris, H. Champion ; Auch, impr. Cocharaux Frères*, 1883, gr. in-8° de 60 pp.

Troisième fascicule des *Archives Historiques de la Gascogne.*

— Jules Pacius de Beriga. Compte rendu du Mémoire de M. Ch. Revillout, avec addition de Documents inédits. — *Paris, V. Palmé,* 1883, gr. in-8° de 15 pp.

Extr. de la *Revue des Questions Historiques* (octobre 1883). — Tirage à 60 exempl.

Le mémoire de M. Ch. Revillout a pour titre: *Le Jurisconsulte Jules Pacius de Beriga avant son établissement à Montpellier (1550-1602).* L'opuscule de M. Tamizey de Larroque contient une très curieuse lettre de Peiresc à Pacius et diverses lettres de Pacius à son ancien élève.

— Les Correspondants de Peiresc. N° VII: Gabriel de l'Aubespine, évêque d'Orléans. — Lettres inédites écrites de Marseille et de Paris à Peiresc (1627). — *Orléans, impr. H. Herluison,* 1883, gr. in-8° de 29 pp.

Extr. des *Mém. de la Soc. Archéol. et Historiq. de l'Orléanais.* — Tirage à 100 exempl.

— Les Guerres du règne de Louis XIII. Mémoires de Jacques de Chastenet, seigneur de Puységur. — *Paris, Libr. de la Soc. Bibliographiq.,* 1883, 2 vol. in-16 de XIII-300 et 288 pp., av. 2 portr. et grav.

Mémoires intéressants qu'éclairent au mieux les savantes notes de l'éditeur.

— Une Demi-douzaine de Lettres inédites adressées par des hommes célèbres au maréchal de Gramont. — *Auch, impr. G. Foix,* 1884, in-8° de 18 pp.

Extr. de la *Revue de Gascogne,* tiré à 100 exempl.

— Note sur le Poète Lectourois Laccary. — *Auch, ibid.,* 1884, gr. in-8° de 11 pp.

Extr. de la même *Rev.,* tiré à 60 exempl.

— La Messaline de Bordeaux. — *Bordeaux, P. Chollet,* 1884, gr. in-8° de 15 pp.

Extr., tiré à 100 exempl., des *Mém. de la Soc. Archéologiq. de Bordeaux.*

Dans le *Sud-Ouest* du 23 juin 1887, l'auteur a donné, sur le même sujet, un petit art. complémentaire : la *Messaline de Bordeaux retrouvée.*

On sait qu'il s'agit d'une statue bordelaise de la femme de Claude.

Le titre de cette dissertation a causé de plaisantes méprises.

— Trois Lettres inédites du Président de Sevin à Peiresc. — *Agen, impr. V° Lamy,* 1884, gr. in-8° de 12 pp.

Extr. de la *Revue de l'Agenais,* t. XI, tiré à 50 exempl. — V. SEVIN.

— Récit de la Conversion d'un Ministre de Gontaud (1629), publié d'après le seul exempl. connu. — *Bordeaux, P° Chollet (Agen, impr. V° Lamy),* 1883, gr. in-8° de 15 pp.

Extr. de la même *Rev.,* même tome. — Tirage à 100 exempl.

Relation curieuse. — V. RÉCIT DE LA CONVERSION, etc.

— Lettres et Billets inédits de Jules Mascaron, évêque de Tulle et d'Agen. — *Marmande, impr. Dube-rort,* 1884, pet. in-8° de 23 pp.

Extr., tiré à 60 exempl., de la *Revue de France* (nºˢ 1 et 2). — V. REVUE DE FRANCE.

— Une Lettre inédite du roi Henri IV, et une Mazarinade inconnue. — *Marmande, ibid.,* 1884, pet. in-8° de 11 pp.

Extr. du même recueil, tiré à 100 exempl.

La lettre d'Henri IV, datée de Bazas, 22 juillet 1583, est adressée à un M. d'Eynier et traite de la garde du château de Sᵗᵉ-Bazeille. La mazarinade est relative à la réduction de la même place par le baron de Galapian. — V. RÉDUCTION DE LA VILLE DE Sᵗᵉ-BAZEILLE, etc.

— Une Lettre inédite de Peiresc à Jean Chalette. — *Arcis-sur-Aube, impr. Léon Frémont, s. d. (1884),* in-8° de 4 pp.

Extr. de la *Revue de Champagne et de Brie.* — Tirage à 20 exempl.

V. sur Chalette une notice publiée par Richard (Troyes, 1868, in-8°).

— Une Lettre de Ph. Fortin de

La Hoguette au roi Louis XIII (mars 1620). — *Paris*, 1884, in-8º de 10 pp., pap. de Holl.

Extr., à 25 exempl., des *Notices et Documents publiés pour la Soc. de l'Histoire de France, à l'occasion du cinquantième anniversaire de sa fondation* (Paris, 1884, in-8º).

— La Bibliothèque de Mᴵˡᵉ Gonin. — *Agen, impr. Vᵉ Lamy*, 1885, gr. in-8º de 37 pp.

Extr. de la *Revue de l'Agenais*, t. xɪɪ. — Tirage à 60 exempl., non mis dans le commerce.

— Lettres du comte de Comminges, ambassadeur extraordinaire de France en Portugal (1657-1659). — *Pons, impr. Noël Texier*, 1885, gr. in-8º de 32 pp., pap. de Holl.

Extr. des *Archives Historiq. de la Saintonge et de l'Aunis*, t. xɪɪɪ. — Tirage à 50 exempl.

— Appel aux Érudits, au sujet de l'Itinéraire d'Henri IV. — *Auch, impr. G. Foix*, 1885, gr. in-8º de 7 pp.

Extr. de la *Revue de Gascogne*, tiré à 120 exempl.

Communication faite à la réunion générale de la *Soc. Hist. de Gascogne*, en 1885, en vue de recherches nouvelles sur les séjours et itinéraires du roi de Navarre.

— Documents inédits relatifs à l'histoire des Terrines de Nérac, publiés par *Un Gourmet*. — *Nérac, Ludovic Durey*, 1885, pet. in-16 de 23 pp.

Extr. du *Journal de Nérac*, tiré à 60 exempl.

Plaquette charmante, dont le pseudonyme est trahi par l'érudition et l'esprit des notes.

— Les Correspondants de Peiresc. Nº ɪx : Salomon Azubi, rabbin de Carpentras. — Lettres inédites écrites de Carpentras à Peiresc (1632-33), avec une Notice complémentaire, par Jules Dukas. — *Paris, Alph. Picard ; Marseille, Marius Lebon*, 1885, gr. in-8º de 51 pp.

Extr. de la *Revue des Études Juives*, tiré à 100 exempl.

— Les Correspondants de Peiresc. Nº x : Guillaume d'Abbatia, capitoul de Toulouse. — Lettres écrites à Peiresc (1619-1633), avec Avertissement, Notes et Appendice. — *Paris et Marseille, ibid.*, 1885, gr. in-8º de ɪv-45 pp.

Extr., tiré à 100 exempl., de la *Revue des Langues Romanes*.

— Les Œuvres posthumes de Camille Arnaud. Histoire d'une Famille provençale depuis le milieu du xɪvᵉ siècle jusqu'en ᴍᴅᴄᴄᴄʟxxxɪɪɪ. Recherches et Documents sur la Famille Arnaud de Forcalquier (*Marseille, Camoin*, 1885, 2 vol. in-8º). — *Forcalquier, impr. F. Bruneau*, 1885, in-8º de 13 pp.

Compte rendu impr. par les soins de l'Athénée de Forcalquier et du Félibrige des Alpes. Tirage à 100 exempl., non mis dans le commerce.

— Quelques Pages inédites de Louis de Rechignevoisin de Guron, évêque de Tulle et de Comminges. — *Tulle, impr. Crauffon*, 1885, gr. in-8º de 38 pp.

Tirage à part, à 50 exempl., du *Bull. de la Soc. des Lett., Sc. et Arts de la Corrèze, 1885*.

Détails curieux sur Mazarin et sur le patriarchat des Gaules convoité par Richelieu.

— Les Correspondants de Peiresc. Nº xɪ : Jean Tristan, sieur de Sᵗ-Amant. — Lettres inédites adressées à Peiresc (1633-1636). — *Paris (Nogent-le-Rotrou)*, 1886, in-8º de 35 pp.

Extr. des *Mém. de la Soc. des Antiquaires de France*, t. xʟvɪ.

— Madame la Comtesse Marie de Raymond. — *Auch, impr. G. Foix*, mai 1886, gr. in-8º de 14 pp.

Extr. de la *Revue de Gascogne*, tiré à 100 exempl.

Charmante notice sur une femme distinguée dont la perte a été vivement ressentie par tous les travailleurs de l'Agenais. — V. ʀᴀʏᴍᴏɴᴅ (Marie de).

— Quatre Lettres inédites de Jacques Gaffarel, publiées avec Avertissement, Notes et Appendice. — *Digne, impr. Chaspoul, Constans et Vᵉ Barbaroux*, 1886. in-8 de 34 pp.

Extr. des *Annales des Basses-Alpes*, tiré à 100 exempl.

— Deux Testaments inédits : Alexandre Scol (1616) ; Jean-Jacques Bouchard (1661, *sic*, pour 1641). — *Tours, impr. Rouillé-Ladevèze*, 1886, in-8° de 8 pp.

Extr., tiré à 60 exempl., du *Bulletin Critique*, t. VII (1886), pp. 194-197.

— Une Aventure du Baron de Lusignan. Récit de 1625, publié et annoté par M. T. de L. — *Nérac, impr. Lud. Durey*, 1886, in-18 de 26 pp.

Plaquette curieuse, reproduisant une relation très rare : *La Prise du Baron de Lusignan, conducteur de l'armée du duc de Rohan, mené prisonnier dans le chasteau de Cadillac, avec la defaicte de six cens Rebelles taillez en pieces par Mʳ le Duc d'Espernon (Lyon, Claude Arnaud, dit Alphonse, 1625, in-8° de 14 pp.).* V. sur les Lusignan ma note de l'art. MARCHE DE L'ARMÉE DE Mᵍʳ LE PRINCE DE CONTY (LA), etc.

— Reliquæ Benedictinæ. Documents inédits recueillis et annotés. — *Auch, impr. G. Foix*, 1886, gr. in-8° de 42 pp.

Extr. de la *Revue de Gascogne*, tiré à 100 exempl.

Recueil de lettres curieuses intéressant la région du Sud-Ouest, soit par leurs auteurs, soit par leur objet. — C'est le premier art. d'une série que l'éditeur a l'intention de continuer.

— Discours de la Vigne, par François Roaldès, publié avec divers autres Documents inédits. — *Bordeaux, impr. G. Gounouilhou*, 1886, in-8° de 107 pp.

Extr. des *Actes de l'Acad. des Sc., Belles-Lett. et Arts de Bordeaux*, 1885, 2ᵉ fascicule. — Tirage à 120 exempl.

— Les Correspondants de Peiresc.

Nº XII : Pierre-Antoine de Rascas, sieur de Bagarris. — Lettres inédites écrites d'Aix et de Paris à Peiresc (1598-1610), publiées avec Avertissement, Notes et Appendices. — *Aix-en-Provence, impr. Illy et J. Brun*, 1887, in-8° de 112 pp.

Extr. des *Mém. de l'Acad. d'Aix*. — Tirage à 125 exempl.

— Le Chemin de l'Ospital, par Robert de Balsac, sénéchal d'Agenais et de Gascogne. — Nouv. éd., avec Notice sur l'auteur, Notes et Appendice. — *Montpellier, Impr. Centrale du Midi*, 1887, in-8° de 39 pp.

Extr. de la *Revue des Langues Romanes*, tiré à 100 exempl.

Sur cette piquante réimpression, V. l'art. publié par l'auteur du présent Dictionnaire dans le nº du 3 avril 1887 du journal agenais le *Sud-Ouest*.

V. aussi BALZAC (Robert de).

— Etude critique sur « l'Ormée à Bordeaux et le Journal de J. de Filhot », par *Un Ancien Frondeur*. — *Bordeaux, impr. G. Gounouilhou*, 1887, in-8° de 12 pp.

Intéressante analyse d'une publication de M. A. Communay (V. ce nom au SUPPLÉMENT). — Art. ext. de la *Gironde* du 5 juillet 1887, tiré à part à 50 exempl.

— Les Correspondants de Peiresc. Nº XIII : Gabriel Naudé. — Lettres inédites écrites d'Italie à Peiresc (1632-1636), annotées. — *Paris, Léon Techener*, 1887, in-8° de 116 pp.

Extr. du *Bulletin du Bibliophile*. — Tirage à 100 exempl.

— Les Infortunes d'un Commissaire du XVᵉ siècle. — *Agen, impr. V. Lenthéric*, 1887, in-16.

Plaquette très curieuse, extraite du journal agenais le *Sud-Ouest* (6-13 août 1887) et tirée à 60 exempl.

— Les Correspondants de Peiresc. Nº XIV : Samuel Petit. — Lettres inédites écrites de Nîmes à Peiresc. — *Paris, Alph. Picard*, 1887 in-8°.

Extr., tiré à 120 exempl., des *Mémoires de l'Acad. de Nîmes.*

La notice biographique sur Samuel Petit est due à M. Georges Maurin, membre de l'Acad. de Nîmes.

— Impressions de Voyage de Pierre Gassendi dans la Provence Alpestre (in-8°).

En publication dans le *Bulletin de la Soc. Historiq. des Basses-Alpes*, avec tirage à part sous presse à 100 exempl. (août 1887).

Malgré les proportions colossales de cette nomenclature, je n'oserais me flatter de la produire absolument complète ; mais j'espère qu'elle ne présente que bien peu de lacunes.

Afin d'éviter des répétitions fatigantes pour le lecteur, je me suis abstenu de certaines formules dont j'aurais pu faire suivre presque chaque article. Ainsi, la plupart des publications qui précèdent sont complètement épuisées et rares ; quelques-unes, fort recherchées des érudits, sont même tout à fait introuvables.

Je n'ai pas hésité, du reste, à cataloguer indistinctement et comme travaux personnels les diverses éd. d'ouvrages étrangers inédits données par M. Tamizey de Larroque. La méthode de l'éditeur, ses annotations abondantes, ses savants commentaires lui attribuent toujours, en effet, la meilleure part de l'intérêt offert par ces textes.

Faut-il parler maintenant des divers travaux insérés, sans tirages à part, dans la multitude de journaux et recueils de toute espèce auxquels a collaboré notre éminent compatriote ? Je n'entreprendrai certes pas semblable tâche, pour laquelle il faudrait fouiller minutieusement maintes collections : *Revue critique*, *Correspondance littéraire*, *Revue des Questions historiques*, *Polybiblion*, *Bulletin critique*, *Intermédiaire des Chercheurs et Curieux*, *Bull. du Périgord*, etc., etc., et aussi tous les périodiques méridionaux, depuis les environs de l'année 1863.

Mais, tout en écartant ainsi d'innombrables notes ou analyses bibliographiques, des milliers de questions et réponses, glanures, etc., je ne saurais guère me dispenser de mentionner certaines communications plus importantes. — Pour ne pas exagérer les dimensions de cette notice, je me bornerai aux articles suivants :

1. Dans la REVUE D'AQUITAINE :

— *Etude sur l'« Examen critique de la Versification française » de M. Abel Ducondut* (t. VIII). — V. DUCONDUT.

— *Les Templiers de Gavarnie* (t. IX).

— *Dégagement des ruines du Palais Gallien* (t. X).

— *Un Chapitre de Bibliographie bordelaise* (ibid.).

— *Glanes et Regains recueillis dans les Arch. de la maison Du Prat* (ibid.). — Rectifications historiques importantes de documents imprimés par le marquis Du Prat.

— *Une Visionnaire périgourdine* (t. XI).

— *Lettre du duc de Richelieu à la duchesse d'Aiguillon* (ibid.).

— *Notes pour servir à l'histoire de la ville de Bazas, recueillies par Baluze* (ibid. 2 art.).

— *De quelques vieux Bouquins* (t. XII).

— *Vie du Cardinal de Sourdis* (t. XIII).

— *Deux Lettres inédites de Mme Cottin* (ibid.). — V. COTTIN.

2. Dans la REVUE DE GASCOGNE :

— *De l'Opinion de l'Empereur sur l'emplacement d'Uxellodunum* (t. VI).

— *Une Lettre inédite de Jean Besly sur l'histoire du Béarn* (t. IX, 2 art.).

— *Six lettres de trois Roquelaure* (t. XIII).

— *La Villa Bapteste* (t. XIV).

— *Lettres d'Henri IV, de Louis XIII et du maréchal de Matignon à MM. de Lau* (t. XVIII).

— *Quelques Pièces sur Condom et le Condomois* (t. XIX).

— *Lettres missives : Baron de Benac, — Duchesse d'Etampes, — Maréchal de Roquelaure, etc.* (t. XX).

— *Lettres de St Vincent de Paul* (t. XXIII).

3° Dans la REVUE DES QUESTIONS HISTORIQUES :

En 1866 :

— *Une Page d'histoire féodale. Les Coutumes de Fumel.*

— *De l'Existence de Jeanne Hachette.*

— *Une Erreur du président de Thou sur Pierre d'Espinac, archevêque de Lyon.*

En 1867 :

— *La Lettre du vicomte d'Orthe à Charles IX.*

— *Une Lettre inédite du roi Henri III.*

— *La Propriété au moyen âge*, à propos d'une assertion de M. Taine.

— *Deux Lettres du roi Charles IX.*

En 1868 :

— *Quatre Lettres inédites d'Isabelle d'Autriche, femme de Charles IX.*

— *Étude sur l'Esprit dans l'Histoire de M. Edouard Fournier.*

— *Quelques Observations sur le* Bernard Palissy *de M. Audiat.*

En 1869 :

— *Un Mot apocryphe de la Maréchale d'Ancre, avec deux de ses lettres inédites.*

En 1870 :

— *Trois Lettres inédites de Marguerite de Valois.*

— *Pierre Jarrige fut-il sequestré par les Jésuites ?*

— *Isaac de Benserade, chroniqueur.*

En 1872 :

— *Une Relation inédite de l'assassinat du duc d'Angleterre, par M. de Belonde.*

L'auteur de cette petite relation, Jean-Henri de Belonde, chevalier de St-Louis, arrière-grand-père de Mme Tamizey de Larroque, était né à Lamothe-d'Alès le 19 novembre 1742. Il fut commissaire ordonnateur des guerres en 1772.

— *Deux Lettres inédites du P. Arnoux sur la mort du baron de Termes devant Clairac.*

En 1873 :

— *François Villon, à propos de quelques récents travaux.*

— *De l'Authenticité des poésies de Clotilde de Surville.* — Art. important et qui ne compte pas moins de 22 pp. de la *Revue.*

En 1876 :

— *Trois Lettres inédites de St François de Sales,* etc., etc.

En 1878 :

— *Les derniers travaux français sur Galilée.*

4. Dans la Revue de l'Agenais :

— *Inventaire des meubles d'Anne de Maurès, maîtresse du duc d'Epernon* (t. v, 1878). — V. Maurès.

— *Deux Lettres inédites de Lacépède et de Lacuée* (ibid.)

5° Dans le Sud-Ouest, en 1887 :

— *Sœur Marie Ligarde* (6 mars).

— *Le duc d'Epernon et Molière à Agen* (20 mars).

— *Les Inscriptions de Bordeaux* (1er-7 mai). Art. venu à propos d'une savante publication de M. C. Jullian.

— *Un Éloge de Lacuée* (28 mai).

— *La Sortie d'Agen de Marguerite de Valois* (9-16 juillet), etc.

6. Recueils divers :

— *De quelques erreurs de l'« Histoire de France » de M. Henri Martin* (*Annales de Philosophie Chrétienne,* Février, Avril et Mai 1863).

— *Nouvelles Lettres du cardinal d'Armagnac* (*Revue Historique,* 1876-77). — Série importante, complétant le recueil de *Lettres inédites* du même personnage publié en 1874 (V. ci-dessus).

— *Lettres inédites de Marguerite de France* (ibid., Juillet-Octobre 1881).

Je rappelle enfin, pour mémoire, la part prise par le même auteur à la belle publication des *Mémoires-Journaux de Pierre de l'Estoile* (Paris, Jouaust, 1875-80, 8 vol. in-8°), et sa collaboration aux *Archives Historiques de la Gironde,* auxquelles il a fourni plus de trois mille documents inédits, parmi lesquels on remarque un grand nombre de lettres du cardinal Mazarin relatives à la Fronde bordelaise, plusieurs lettres du maréchal de Matignon, du cardinal de Sourdis, de divers rois d'Angleterre et de France, de presque tous les hommes célèbres de l'Aquitaine, etc.

Afin d'être aussi complet que possible dans cette bibliographie si difficile, je crois devoir indiquer sommairement, en terminant, les divers travaux que prépare et que compte publier successivement le grand travailleur gontaudais. — Étant données son activité inouïe et son incomparable énergie, il n'est pas douteux que ces beaux projets ne se réalisent :

1. — *Lettres inédites de Blaise de Monluc et de quelques membres de sa famille.*

2. — *L'Amiral Jaubert de Barrault et les Pirates de la Gironde.*

3. — *Lettres inédites d'Armand de Gontaud, premier maréchal de Biron.*

4. — *Catalogue inédit de la Bibliothèque du*

cardinal d'Armagnac, avec d'autres *Documents également inédits.*

5. — *Recherches sur l'Itinéraire du roi de Navarre, le futur Henri IV.*

6. — *Notice sur l'Abbaye de Saint-Maurin, d'après un manuscrit inédit de Dom Du Laura.*

7. — *Les Livres de raison de la famille de Fontainemarie.*

8. — *Documents inédits relatifs à l'histoire de l'Agenais (seconde série).*

9. — *Lettres inédites de Fortin de la Hoguette.*

10. — *Hercule d'Argilemont, gouverneur de Caumont et de Fronsac.*

11. — *Notes et Documents pour servir à l'Histoire de la ville de Gontaud.*

12. — *Le Testament inédit et les Collections de Peiresc.*

13. — *Récit autobiographique inédit du cardinal de Coislin, évêque d'Orléans.*

14. — *Lettres inédites du maréchal de Gassion.*

15. — *Lettres inédites de quelques hommes célèbres de l'Agenais.*

16. — *Lettres inédites du maréchal de Gramont et de quelques membres de sa famille* (en collaboration avec M. Communay).

17. — Nouvelle édition de la *Bibliothèque Françoise* de La Croix du Maine et d'Ant. du Verdier (en collaboration avec M. Émile Picot).

18. — Nouvelle édition des *Lettres de Guy Patin*, *augmentée de nombreuses lettres inédites* (en collaboration avec MM. le docteur J.-M. Guardia et Anatole de Montaiglon).

19. — *Mille et une Rectifications.*

20. — *Guide du Travailleur, ou Recueil d'indications bibliographiques, contenant sous chaque nom de chose, d'homme et de lieu l'énumération des principaux documents à consulter.*

Sans doute, plusieurs de ces articles sont particulièrement alléchants, et entre autres ceux des numéros 17, 19 et 20. — Une nouv. éd. de la *Bibliothèque Françoise* serait, sans contredit, une bonne fortune ; mais c'est surtout dans la publication du *Guide du Travailleur* que nous trouverions notre compte.

Nul mieux que M. Tamizey de Larroque n'est en mesure de remplir un tel cadre et de rendre à tous un pareil service.

BIBLIOGRAPHIE TAMIZEYENNE

SUPPLÉMENT

(Extrait de la Bibliographie générale de l'Agenais, t. II, pp. 421-422.)

✱ **TAMIZEY DE LARROQUE** (Jacques-Philippe).

Quelque soin que j'aie pris de donner une bibliographie complète de cet infatigable producteur, bien des articles seraient encore à mentionner.

Je n'en veux ajouter ici qu'un seul dont je me reproche l'omission :

— *Un Sénéchal d'Agenais peu connu : Rigault Dorcille* (*Revue de l'Agenais*, t. XIV, 1887, pp. 270-276).

Rigault Dorcille, né vers 1455 au château de Villeneuve, près d'Issoire (Puy-de-Dôme), fut fait conseiller et maître d'hôtel ordinaire du roi le 11 juin 1482. Il participa brillamment à plusieurs campagnes, fut nommé au bailliage de Chartres en 1496 et chargé en 1510 et 1511 de missions diplomatiques.

On ne connaît pas la date exacte de la nomination de R. Dorcille au sénéchalat d'Agenais et de Gascogne, mais on croit pouvoir la fixer aux environs de 1512.

Il se retira en 1515 dans son château d'Auvergne, où il mourut le 15 septembre 1517.

René de Puyguion, seigneur de Bois René, lui succéda.

Au début de sa notice, M. Tamizey de Larroque constate que le sénéchalat d'Antoine de Lestrange, successeur de Robert de Balzac, est resté ignoré de tous les annalistes de l'Agenais.

— Qu'il me permette de rappeler que ce sénéchalat se trouve cité dans la Bibliographie générale de l'Agenais, à l'art. Balzac.

Au sujet de Rigault Dorcille et sous ce titre : *Un Document officiel du Sénéchal d'Agenais en 1514*, M. Jules de Bourrousse de Laffore a publié dans la même *Revue de l'Agenais* (1887, p. 368) une note rectificative.

D'après ce généalogiste, le nom de Rigault Dorcille serait exactement *d'Oureille*, et le sénéchalat en question aurait été signalé depuis plus de quinze ans, comme le prouve le procès-verbal de la séance ordinaire de la Soc. des Sc., Lett. et Arts d'Agen du 10 juillet 1871.

La collaboration de M. Tamizey de Larroque au *Dictionnaire* de Bouillet (*Biographie et Histoire*) mérite aussi d'être mentionnée. — Cette collaboration a été hautement appréciée par l'auteur, dans la préface de la 20ᵉ édition de l'ouvrage (1864).

Agen, Imprimerie Virgile Lenthéric

IMPRIMÉ

A AGEN

PAR

VIRGILE LENTHÉRIC

en Août 1887

SOUS PRESSE :

BIBLIOGRAPHIE GÉNÉRALE

DE L'AGENAIS

ET

DES PARTIES DU CONDOMOIS ET DU BAZADAIS

INCORPORÉES DANS LE DÉPARTEMENT DE LOT-ET-GARONNE

PAR

JULES ANDRIEU

(Paris et Agen, 1886-1887, 2 vol. gr. in-8° à 2 colonnes)

AGEN, IMPRIMERIE VIRGILE LENTHÉRIC